JN410923

산그늘 꽃덤불

서영선 시집

산그늘 꽃덤불 : 서영선 시집 / 지은이: 서영선. -- 서울 :
들꽃, 2016
p. ; cm. -- (들꽃시선 ; 129)

ISBN 978-89-6143-188-0 03810 : ₩8000
ISBN 978-89-951327-0-8 (세트) 04810

한국 현대시[韓國現代詩]

811.7-KDC6
895.715-DDC23 CIP2016006416

인지
생략

들꽃시선 129
산그늘 꽃덤불

지은이/서영선
펴낸이/문창길
초판인쇄/2016년 03월 10일
초판펴냄/2016년 03월 18일
펴낸곳/도서출판 들꽃
주 소/04623 서울 중구 서애로 27(필동3가) 서울캐피탈빌딩 B202호
전 화/02)2267-6833, 2273-1506
팩 스/02)2268-7067
출판등록/제2-0313호
E-mail:dlkot108@hanmail.net

값 8,000원
* 파본된 책은 바꾸어 드립니다.

ISBN 978-89-6143-188-0 03810
ISBN 978-89-951327-0-8(세트)

들꽃시선 129

산그늘 꽃덤불

서영선 시집

_ 이 시집을 한국전쟁 당시 억울하게 희생당하신 부모님과 형제에게 바칩니다.

| 자서 |

이 시집은 2010년 부터 각 위령제에 다니면서 위령시를 쓰고 낭송을 한 작품 입니다. 거제, 완도, 경주 기계천, 화순, 창원, 산청, 함양 등에 다니면서 많은 유족들도 울고, 저도 함께 울면서 낭송을 했습니다. 완도 소안면은 독립운동을 했던 운동가들이 좌익으로 몰려 희생된 곳으로 위령비를 세울 때에 갔었습니다.

다시 바라건대 우리의 2, 3세들이 맑고 밝은 하늘아래 역사 인식을 올바로 하면서 살수 있기를 기대 합니다. 다시는 전쟁의 비극은 없어야 합니다.

이 책을 출판해 주신 도서출판 들꽃 사장님께 감사 드립니다.

2016 봄에 저자

서영선

| 산그늘 꽃덤불 |

차례

제1부 침묵

제2부 슬픈 날의 언덕에서

제3부 통일되는 그 날까지

제4부 바다의 수선화

제1부

침묵

여름 어느 날

잠자리 소리없이 춤을 추는 날
호두나무 잎새에 비가 후두둑 뿌릴 때
솔개천 붓꽃이 보라색으로 물들었다.
마을을 에워싼 작은 개울에
물고기 가족들 소풍 가고
자주색 물병 아릿한 향수
자취도 없이 흘러간 나이테
오늘 왜 이다지도 그리운지

누에가 쉬익 쉬익 뽕나무에 잠자고
싱싱한 고구마 순이 쑥쑥
4월엔 마당 가득 꽃비가 내렸다
철부지 아이들 앞개울에서 첨벙대고
뒷동산 뛰어놀며 싱아 꺾던 날
일곱빛깔 무지개 아련한 회상
뻐꾸기 노래에 나팔꽃 웃음에
돌릴 수 없는 시간
은하수 배를 타고 행복했음을

침묵
— 산청함양 추모시

지리산 봉우리
엄마의 젖무덤 같은
부드러운 능선

넘고 넘어 보아도
그 비극 간 데 없고
계곡에 흘렀던 핏빛
저녁노을 같이 물들고
사운대는 나뭇잎 육십일 년 전의
그 비극 어이 모르는가
총성은 구름에 가리고

쏟아지는 노도에 말은
묻혀 버리는데
노고산 천왕봉은 침묵만 지키누나

표지판

— 산청함양 추모시

동광리 점촌 방곡리의 한
견벽청야
아무 영문도 모르고 지리산 골짜기 마을
나오라 하면 나오고
집과 동리 모두 불태우니
705명의 억울한 넋이여
이제 특별법 통과되어 산청 함양
추모공원 건립하고 고유제와
위령제를 올립니다
함양 도북, 함양 지곡, 함양 하림, 함양
안의면, 함양 점촌 마을, 함양 서주 학살
공권력에 의한 국군, 경찰 무소불위로 휘두른
야만의 학살 산청 시천 학살
산청 금서면 방곡마을, 산청 외공리
산청 생초리, 묵곡리
골골이 계곡 피로 물들고
반세기 지난 오늘 아직도 비극의 새가 되어
컴컴한 굴 속 후미진

골짜기에서 파도에 휩쓸려
날지 못하는 영혼
어둠의 여명에 찬서리 내리고
역사의 종소리 알리는
표지판 하나

지리산
—산청함양 추모시

지리산 자락의 산청, 함양, 거창
숨 가빴던 민족 수난기
깊고 깊은 골짜기에 피를 뿌리고
지평선을 만날 수도 없는
험준한 산세

61년이 지난 오늘 진달래는
핏빛으로 피어났고
개나리는 억울한 영혼으로
피어났다
어린 아이, 부녀자, 노인

이 나라 경찰과 군인은
국민의 재산과 생명을
보호할 의무를 저버린 야만을
어떻게 배상할 것인가

십일사단 범법자들 이승만 살인마

법적 절차도 없이 죄 없는
민간인들 집은 전부 불태웠던 그들
응징하여 오늘 불 밝히니
이대로는 눈을 감을 수 없소

무주공산

— 산청함양 추모시

밤에는 인민공화국
낮에는 대한민국
전쟁 속에 방치된
순수한 주민들
그저 수동적인 역할만 할 뿐
아무런 항변도 못하고
귀한 생명 내어주니
십일사단 구연대 의기양양
전과 올렸다고 빨갱이
사냥했다고 이런 왜곡된
역사
천행으로 살아나와 진실을
증언하니 오 진실이여
육십일 년 전의 상채기
고스란히 남아
잡초만이 반겨주는 쓸쓸하고
황량함이여
오순도순 정답게 순수하게 살아가던 마을

풍족하지 못해도 정을 나누고
평화를 사랑했건만
어인 일이던가
비참했던 그 날
모두 접으시고
영면하소서!

학대

— 산청함양 추모시

엠원 소총으로 정신없이
갈겨대고 형체도 알 수 없이
묻어 버리고
천지를 진동하는 총소리
골짜기는 피바다를 이뤘다
졸지에 고아가 되고 가족을
모두 잃은 어린 것들
연좌제에 묶이어 공부도
취직도 못하고
한 많은 육십일 년
한과 슬픔 고통 좌절
어이 감당했던가
호소할 길 없는 통한의 하소연
누구에게 한단 말인가
엄마가 끌려가던 날
그 모습 각인 되고 영상 되어
잠 못 이루는 이 밤
국방군 카빈소총 실탄이 증명하고 있다

이 왜곡된 더러운 역사
우리 유족들 형형하게 살아
남은 생 유구히 증명하리라

방곡부락 참상

— 산청함양 추모시

쑥대밭으로 만들어 놓은 살인자들
비교적 풍부했던 부락민들
지리산 자락에서 살았다는 것
이승만 정부에서 살았다는 것
전쟁이 일어났던 시기에 살았다는 것
이것만이 우리가 아는 사실이다
생명이란 존엄한 천륜
한민족 한 핏줄이 전쟁터도
아닌 후방에서
살인을 저질렀단 말인가
아니 된다 아니 돼
도로 살려 놓아라
육십일 년 전으로 도로 가서 그대로
살려놓고 불태웠던 집들
논두렁도 만들어 놓아라
기관총으로 살육극만 자행한
군인들
어디 국민인가 누구의 아들들인가

무너진 흙벽담에서 피비린내 진동하고
분노와 허탈 참상
육십일 년 전의 그 참상을 가슴에 안고
몇 사람의 증언자가 있었다
개들이 시신을 먹고 뼈들을 물고 다니는
갯벌에 나가서
사람 다리 물고 돌아다니는
아흐 이 참상 쓰러질 것 같다
인간 말살의 정부당국 태도
분쇄하자!

목련꽃

— 산청함양 추모시

고고히 피어 있는 백색의 영혼
칠백오 명의 영혼이여
어린 생명 부녀자
억울한 죽음
모정으로 감싼 희생

꿈틀대던 어린 생명
조준하여 사살한
십일사단 구연대
마귀 같은 놈들

너희들은 천인공노할
인간도 아닌
야수이니라

이승만은 국립묘지에서
잠자고 있는데
칠백오 명의 많은 유족들은

아직도 가슴앓이
십구대 국회의원들
배상법 제정하라
목련꽃 하얀 어린 넋을 본다

술 한 잔을 올립니다

— 산청함양 추모시

산청 외공리 학살 현장에서
술 한 잔을 올립니다
어느 학교 교복단추
숟가락 등 유품을 보았습니다
발굴유해는 충북대 추모관에 모셨지요
옛 모습은 일순간에 사라져버린 부락들
견벽청야에 의해
무시무시한 무지한 야만의 역사
후방에서 양민들만 학살한 군인들
점촌부락, 방곡부락, 가현부락
아! 옛날이여
다시 돌아올 수 없는 평화, 행복, 정,
정들었던 개울가
살인현장으로 둔갑하고
광란의 무리들
상처 입은 아우성에 다시 정조준
대나무 우거진 집의 잡초가 말해 주는
참상

그 한은 꿈 속에서 부모형제를 만나고
언덕의 무덤들 돌더미만 쌓여 있고
황량한 바람만이
나그네를 맞이하네

산청 함양 영령들이시여!

— 산청함양 추모시

공비로 둔갑시켜 존엄한
생명 학살하니
님들이 뿌린 핏물
노도로 흘렀어라
님들이 흘린 눈물
세포에 박히어서
천년 만년 증언하여
한 맺힌 심장
박동을 더하여 연줄처럼
훌훌 푸시어
705명의 영혼 날개 달고
파란 하늘 멀리
영생하소서!

비극의 새

아직도 끝나지 않은 비극의 새가 되어
컴컴한 굴 속에서 후미진 골짜기에서
파도에 휩쓸려 날지 못하는 영혼
찢겨진 하늘에 갈라진 땅 위에
반세기의 혼이여

아물지 못하는 상처 골골이 새겨지고
인고의 세월 점점이 서리어도
피붙이 염원에 내일이 있으리니
하늘이 감천하여 평화의 비둘기 보내드리리다

Tragic Bird

I am an ever tragic bird
I am wandering in a dark cave and a deep valley
Hit by a wave, my soul cannot fly
The sky is torn and the earth is divided
My soul has been wandering for half a century

My wounds have not yet healed over the many
years
Time has passed, but nothing seems resolved
I wish I could see eternity
I hope our dearest wish can move the heavens
And the heavens send us flesh spring water and
peaceful doves

산그늘 꽃덤불

해안에 산그늘 지고
어스름 저녁
개 짖는 소리
바람 소리 파도 소리 어우러진 저편

생과 사를 가르는 순간에
소프라노 톤의 찢겨진 음성
어쩌나 어쩌나 단장의 비명
50여 년 쌓이고 쌓인 산그늘
꽃덤불로 찾아 왔구나

Flower shrub under the mountain shadow

When the evening dusk gathers over the
shore shadowed by the mountain
comes the whirl of wind blow merging with
the roar of wave

There, death tears apart life
Accompanied by the high pithed shout
Alas, alas! the shriek from the deepest
torment
Amassed for half a century
The mountain shadow returned as the flower
shrub

제 2 부

슬픈 날의 언덕에서

문화의 도시 경주여

— 경주 기계천 추모시

경주 기계천아 64년 전의 비극을 아느냐
오직 살 길을 찾아 이고지고 둑길을 걸어가는 날
하늘이 갈라지고 땅이 꺼진다 해도
어찌 이런 비극이 있을소냐!

어린 것들은 모처럼 들길로 나와 노는데
하얀 옷을 입은 순박한 피난민들을
그 몹쓸 인간들은 양민과 어린이도 몰라보는
눈을 뜨고 사람의 껍질을 쓰고
내 나라 내 민족이 아니라고 폭탄을 투하하다니
아! 아! 그럴 수는 없다

그 날 그 시각이 영상으로 떠오르니
상처는 씻길 수 없고 심장은 납덩이로 내리 누르네
어머니! 아버지여!
개나리 진달래 벚꽃이 흐드러진 4월입니다
꽃은 떨어져도 변함없이 피어나건만
한번 가신 님들은 왜 못 오십니까?

그러나 우리 후손들은 가열찬 열정과 활동으로
님들의 한을 풀어 드리렵니다
녹음방초 우거져 찌는 듯한 8월
참담하게 가신 35명의 억울한 영혼
가신 님들 햇살 찾아드는 지금 어찌 아니 계신지요
피맺힌 세월은 우리들의 절규도 아랑곳하지 않네

인륜도 모르는 오랑캐들아 책임을 지고 배상하라
다시는 이런 비극이 없어야 한다
님들이시여! 하늘나라에서 평화를 누리소서

아무 말 없는 금정굴

울컥 눈물을 참으며 금정굴에 왔다

이 가을
높고 푸른 오늘
그대들은 아무 말이 없나요

살얼음판 반백 년이 흐르고
말 없는 금정굴에
또 이렇게 와야 하나요

이승만 정부에서 살았다는 것
분단된 땅에서 살았다는 것
그것밖에 없는데
줄줄이 묶여
깊고 깊은
금정굴에 떨어지는 날
나는 이 길을 알리려고 도장을 주머니에 간직했었지
먼 훗날 햇볕을 맞이하려고

무슨 죄가 많아 컴컴한 수직 광속에 몸을 맡겨야 했나요
땅과 겨레를 두 갈래로 갈라놓고
큰 소리 칩니다

억울한 죽음은 구천을 떠돌고
한없이 착하고 인자하셨던 아버지 어머니

편안히 누이실 자리를 아직도 마련을 못했습니다
우매한 자식들을 용서하소서

그러나 우리 유족들은
탐욕스런 정권에서 희생되신 부모님 묻히신 이 곳
연좌제에 묶이어 발길을 끊었다가
1995년 가을, 상면을 했습니다
칭칭 땋은 머리는 어느 누나의 것이었을까
새까만 목비녀는 어느 어머니의 것이었을까

야만의 세월 폭악의 정치
이제 그들은 읍하고 고개를 숙여야 합니다
반도덕적이고 반인륜적 야만인들이
아직도 반성을 할 줄 모릅니다

한 살 먹은 아기도

살림만 하던 부녀자
70넘은 노인도
빨갱이가 되어 소중한 목숨을 잃었습니다

역사의 만행으로 사그라진 뼈
찢긴 영혼
감쌀 때까지
굳건히 유족들
용기 백배 열정 백배
그렇게 싸울 것입니다

그리하여
오욕의 역사 가르쳐야 하기에
평화교육관
유물관
사료관

세울 것입니다
이제는 눈물을 거두시고
평화의 집에 안착하실 것입니다

하늘은 푸르고
대추 익고

감이 익는 추석을 지냈습니다

후손을 이어야 한다고
어린 생명 항아리 속에 숨기어
너만은 살아야 한다고

하늘은 무심하지 않았습니다
여기 있는 나무들
억울함 처절함 다 지켜보며
같이 울었던 나무야

너는 알겠지
억울한 발자국
피어나는 한으로 뭉친 이 곳에
보라색 들국화야
우리의 울음에 화답해다오

이제는 울지 않으렵니다

— 강화 위령공원 제막식 날

여기 잠들어 있는 322명의 영혼이시여
오랜 세월 구천을 헤매며 얼마나
아프셨나요

따뜻한 봄날 새싹과 친구하고
뜨거운 여름날 수림 사이로 불어오는
바람과 친구하고

하늘 높은 가을날
하늘하늘 나부끼는 단풍과 친구하고
하얀 눈이 내리는 겨울날
은색의 눈을 덮으소서

한 살배기 어린 영혼이여
어찌 세상에 나왔다가
이렇게 가야 했나요
오빠와 누나가 찾아 오거든

파랑새로 환생하여
지지배배 울음으로 반겨 주소서
60년의 세월이 이렇게 멀고도 먼가요
산을 넘고 강물을 건너
이제 여기 오셨나요

모든 아픔 슬픔 버리시고
길상면 온수리 산20번지
아늑한 이 곳 엄마의 품처럼
내 집 안방처럼 새파란 하늘 이불 덮고
고이고이 잠드소서

북풍한설 통한곡

- 강화 위령제에 부쳐

56년 전 북풍 한설 엄동 설한에
하늘이 울었노라 땅도 울었노라
아무 영문도 모르고 졸지에 당한 목숨
한 살배기 아기, 부녀자, 칠순 노인 순진한 농부들
몇백의 이름들이 밀렸다가 쓸려가고
연기처럼 사라진 이 해안

땅이나 파고 씨나 뿌리던 농부
우물에 물이나 길어 나르던 부녀자
그 착하고 순진한 사람들
어이 가셔야 했단 말입니까
봄볕에 아지랑이 하늘거리고
새로운 생명이 뾰족이 고개를 쳐들 때
불러도 대답없는 그님들을 불러 보았습니다

온 우주가 청록색으로 물들고
생동의 샘이 솟아오르면
각종 자태로 뽐내는 꽃들이 만발할 때

불러도 대답없는 그님들을 불러 보았습니다

대지가 백색으로 덮히고 온누리가 평화로울 때
불러도 대답없는 그님들을 불러 보았습니다
반세기가 훌쩍 넘어 새천년이 온 이 날까지
무슨 장벽이 놓였길래 이리도 아파야 하는가

밝혀진 진실은 바로 잡아야 하고
원혼들과 유족들의 한은 달래야한다
명예를 회복해야 한다
목이 터져라 외쳐본다

입이 있어도 말을 못하고
귀가 있어도 듣지 않아야 했고
눈이 있어도 초점을 잃어야 했던
그 한은 어찌해야 하는가

불쌍한 영령들이시여
이 땅에 살아 있는 우리들
이제 숙연하게 조아리며 기도하오니
검은 바다에 연기처럼 사라진 이름
야산에 버려졌던 처참한 이름들이시여
고이 잠드소서 영면하소서

슬픈 날의 언덕에서

— 전국 위령제 추모시

60년 슬픔에 우리 유족들 오늘 여기 모였습니다
가해자들은 국가기관에 순응하지 않고
지금도 도전하고 있습니다
백만 원혼이 울부짖으며 떠돌았던 이 강산
국가의 배신으로 어진 아버지, 어머니를 잃고
벙어리 되어 가슴속으로 불렀던 그 이름
외로운 무인도 섬, 망망대해 먼 바다
컴컴한 갱도, 바닷가 갯골에서
피를 뿌리시며 후손들아 나를 기억하라
이 억울함 풀어 주어라 그 절규 그 목소리
어이 외면하리오
백만의 원혼들 사랑합니다

여기 남아 있는 후손들 당신들을 한시도
잊지 못합니다
우리는 슬픈 언덕을 허물고 기쁨의 언덕을
만들 것입니다
뼛속 깊이 저리고 근육은 떨리고 영혼은

녹아내려 압박받아야 합니다
불의가 무너지고 정의가 바로 서는 날
비밀 장막은 걷히고 푸른 바람이
불어 올 것입니다
아직도 그들은 유족을 두 번 세 번 죽이고 있습니다
꽃은 피어 땅으로 진다지만 열매도 맺지 못하고
떠나신 백만의 원혼들이시여

천고마비 가을 하늘 들녘은 노랗게 물들고
스산한 가을 뜰에 피어 있는 국화 한 송이
당신들의 서글픈 영혼들을 봅니다
법치국가라는 야만의 손길에 잡히어 떠나신
우리 육친들이시여
풀벌레와 귀뚜라미의 서글픈 울음에
우리는 웁니다
사부작거리는 단풍을 보고 우리는 웁니다
어찌 어찌 가시었나요

그러나 우리는 나약하지만은 않습니다
쓰러졌다 다시 일어나고 굳건한 용기와 신념으로
힘을 합치어서 님들의 못다한 삶을
보상해 드릴 것입니다
못난 후손들은 이제야 술 한 잔 올리며

위로를 받고 있습니다
피워도 피워도 못다 한 인생을
권력 앞에 내어주고
이름 석자 남기고 무덤도 없이 전선줄에
묶이어 개처럼 끌려가서 곤충처럼 죽여
패대기쳐진 육친들이시여

그 원혼은 구천을 떠돌고 서러운 울부짖음
창공을 맴돕니다 영문도 모르고 끌려나온
흰옷의 사람들이 붉은 동백꽃처럼
스러지던 그 날
죄가 없다고 나는 죽을 수 없다고 속울음 울었던 날
하늘도 울고 땅도 울고 사나운 바람이
몰아쳤습니다
이 오욕의 역사 우리는 압니다
후손들에게 길이 전할 것입니다

더는 시간이 없습니다
가해자들은 승승장구하고 있을 때
우리 유족들은 너무 비참합니다
죽은 자는 백만인데 죽인 자는 없습니다
봄이면 들판에서 쟁기질하시던 선친들
이 파란 가을하늘 단풍 숲으로 오시어

가슴에 묻어 두었던 이승의 이야기
심장 깊이 사무쳤던 슬픔을
훨훨 풀어 주소서

지심도의 수선화
— 거제도 위령시

순백의 영혼들이 스러져간 그 날
오늘 지심도 앞 바다에 수선화로
피어났습니다. 흰빛으로 피어나
우리에게 왔습니다.
소리도 없이 소문도 없이 죄명도 없이
가시었던 님들
진실과 화해의 이름으로 피어났으나
허공을 맴도는 영혼의 속울음
종이 한 장 차이로 이름이 갈렸던 시절
3등 국민으로 살아온 유족들
힘겨웠던 고난 견디었던 유족들
이런 슬픔도 모른 채 봄에는 산천이 움트고
뜨거운 태양은 한을 태웁니다.
진실을 가슴에 묻어 두었던 60여 년 성상
심장은 무너지고 영혼은 녹아내려 강산은
여섯 번 변했지만 그대들을 위로할
어떤 표적도 만들지 못했습니다.
애국자로 만들겠다고 말해 놓고

야만의 행동만 일삼았던 악당들
죽은 사람은 헤아릴 수 없는데
죽인 사람은 없습니다.
먼 바다 지심도 파도 치는 울음소리
떨리는 긴 여운 가슴 속으로 밀려오고
그러나 오늘도 검은 물결은 흘러갑니다.
무덤 하나 남기지 못하고 떠나던 날
사랑하는 아들, 딸 이름 한번 못 부르고
부모님께 효도 한 번 못하고 그 한을 어이 새기리.
들꽃처럼 순수했던 흰옷의 사람들
시커먼 물결 속에 이름을 묻고
인생을 저당 잡혔습니다
삐뚤어진 이념의 탈쓴 자들이
야만의 행동을 마구잡이로 휘둘렀나요.

불러도 불러도 돌아오지 못할 육친들
피 토하고 몸부림 쳐도 골수에 박힌 슬픔
이 땅에 남아 있는 자녀들
술잔 올리오니 흠향하시옵고 극락왕생하소서

괭이바다 울음소리

— 창원 합동 위령제에서

비밀 장막 속에서 수면으로 떠오른
창원의 희생자들이시여

난무하던 불법이 60여 년 만에
명예회복 되던 날
골짜기의 영혼이여! 수중고혼의 영혼이여!
그대들 이제 타는 햇볕 아래
이름을 불러봅니다

후미진 골짜기에 묻혀 흔적도 없이
외로움에 지친 그대들이시여!
깊고도 먼 바다에서 바위를 돌고 돌아
수초를 지나서 해안으로 찾아 들었던
그대들이시여!

우리 유족들은
벙어리 귀머거리에서 자유롭지 못합니다
진달래 핏빛으로 개나리의 노오란 영혼으로

다시 찾아온 그대들이시여!
천여 명의 영혼을 가슴에 새겨 스며들던 날
7월의 바다가 검은 색으로 변하고
천둥 번개 캄캄한 하늘에서
세차게 뿌린 비는 그대들의 함성이요
채찍이었습니다.

농투성이 사람들 청년들 학생들
내 아버지 내 남편 이제나 저제나
돌아올까 노심초사 60년
땅이 하늘에 닿고 하늘이 땅에 내려앉는다 해도
어찌 잊으오리까
아무리 뜨거운 불길이 닥쳐오고
절벽이 눈앞을 가로 막아도
정의의 불길 파란 바람에 실려
오늘도 불어 옵니다

이 오욕의 역사 정의가 바로 서고
불의가 무너지는 날 안개비 걷히고
파란 하늘이 펼쳐지는 오늘
초록색으로 오는 그대들이시여!
한과 슬픔 날리시고
고이 잠드소서

오늘 여기 모였습니다

— 완도 소안면 위령비 제막식에서

야산에서 해안에서 목숨을 빼앗긴
소안면 희생자들이시여!
소안면 영령들이시여!

꽃은 피어 열매도 맺지 못하고
어이하여 훌륭한 그들을
억새 찔레 덩굴 칭칭 감은
그 영혼을 무엇으로 꿰매나요.

물줄기의 여정은 유유히 흘러가는데
가신 님들 내 육친들이시여!
같은 동족끼리 아!
어이 이럴 수가!

모진 바람 햇살 찾아드는 봄날에
쑥부쟁이처럼 소박한 사람들
역사의 가려진 진실 앞에
홀연히 연기처럼 떠나신 님들이시여!

서릿발 여명에 한 멍울 되어
성난 파도에 휩쓸려 흩어지는 울음소리
갈매기야 그 님들의 울음소리 들리느냐
모진 세월 풍랑 속에 찢기고 뜯기어서
하얀 찔레꽃처럼 쓰러지고
심장은 녹아내려 산산이 부서지고
아버지 어머니 끌려가시는 모습
바라만 보아야 했던 미욱한 자식들

어찌 살란 말입니까?
60여 년이 지난 오늘도 한을 못 풀고
기쁨으로 태어나 눈물로 집니다.

국화꽃 한 송이 바치고 술 한 잔 올립니다.

배고프고 움츠리고 꼭 닫고 살았던 유족들
이제는 당신들의 나이를 넘어
황혼기가 되었습니다.
피 맺힌 세월은 우리들의 절규도 아랑곳없이
60여 년의 산이 쌓이고 긴 강은 흘렀습니다.
몇백의 아름드리 바위를 돌고 돌아
수초를 지나서 쓸려가고

오늘도 그 바다는 흘렀습니다.

악당들에게 삶을 도둑질 당하고
폭풍을 헤치고 세월의 산을 넘어
망망대해 모든 것을 받아 주는 바다도
억울한 영혼을 위로하며
어찌 오열하지 않았으리

찢겨진 하늘에 무너진 땅위에
그러나 오늘 소안면 하늘에
노을이 물들고 나면
반짝이는 별빛이 떠오르고
64년 만의 밝은 햇볕이
몇백의 영혼을 위로하고
이 추모비를 영원히 비추리라

정전협정을 평화협정으로

— 평통사 평화협정대회에서, 미 대사관 앞

정전협정은 괴물이다
잠시 숨을 돌리게 할 뿐
60년을 비극에서 살았다

이제나 저제나 노심초사
언제나 고향 땅 밟아볼까
이산가족 만나볼까

꽃 피고 새 우는 날에 올까
고운 단풍 나부끼는 날에 올까
은백색으로 산천이 변하면 올까

해가 가고 달이 가고
구름도 가고 바람도 가건만
이내 못 가는 고국산천
겨레의 가시밭길
언제나 끝날 것인가

남북 형제 총대를 내려놓고
마음만 열면 어렵지도 않으련만
겨레의 반쪽은 이제 그만

평화
평화
목매어 불러본다

우리의 정지된 삶을 열어라
나무에서 퐁퐁 흐르는 수액처럼
찰랑대는 물결처럼
평화여 어서 오라

국화향보다 더 진하고
꽃색깔보다 더 어여쁜
향기나는 평화협정 이룩하자

햇볕이여 우리를 비추어라

— 통합총회 축시

유족들이여 응어리를 풀고
뭉쳐서 큰 산을 이루어
우리의 염원이 강물처럼 흐르게 합시다

남녀노소 가리지 않고 학살한
이승만 정부에 절규하였고
원혼의 꽃이
우주에 피어나고 있는 이 시점
그들을 위로하고자 오늘 전국 유족이
한마음 한 덩이가 되어 오늘을 만들었노라

오랜 산고 끝에 태어나 새 마음
새 정신이 도래하여 결실을 안고
보듬어 서로서로 위로 하노라

잡초 속에 피어 있는 들꽃처럼
아무리 강한 바람이 몰아쳐도
연약한 다리로 버티는 코스모스처럼

어떤 고난이 닥친다 해도
용감하고 과감하게 빛을 발휘하여
찬란한 유족의 역사를 써 가리라
이승만이 말살정책을 하지 않았다면

우수한 조상을 닮아 천재적인 업적과
헌신할 수 있는 인재였거늘
아아! 한스럽도다.
62년의 억울한 세월이여
무덤도 없는 원혼들이여
산천도 고발하고 푸른 별도 증언하리라
땅들도 울어주고 꽃들이 위로한다.
우리 백만 원혼들이여
울음을 멈추시고 후손의 정성에
길이길이 원한의 불꽃 접으시고
후손들 굽어 보소서

파랑새 노래하고 라일락 향기가
흩날리는 오늘, 움츠렸던 모진 세월
굽이굽이 접어 두고
우리 유족들 분발하여 하고자 하는 소원
손에 손을 잡고 이룩합시다.

슬픈 물이 흐르는 기계천

— 경주 기계천 위령제에서

어인 일인가 어인 일인가
은빛날개의 비행기가 흰옷 입은 사람들에게
검은 괴물을 떨어뜨리고 갔다
그런 줄도 모르는 기계천물은 유유히 흘러갔고
둑길에는 푸른 풀들이 성성한데
아우성, 피투성이, 아비규환

어떤 놈들이 우리를 이렇게 만드느냐
꽃은 피어 쓰러져도 다시 오건만
우리엄마 아빠 형 누나들은 언제 다시 만날 수 있단 말이냐
우리 국민들을 짐승으로 알았단 말인가
2살짜리 동생을 6살 누나가 피를 닦아 주었을 때
앞으로 그 삶을 누가 보장하고 누가 위로 한단 말인가

죄 없는 양민을 학살하고도 합리화시키고
전쟁 중의 당연한 처사로 몰아가는 그들
전쟁터에서도 투항하면 죽이지 않았거늘

정당방위가 아니면 살상할 수 없었거늘
피란 중인 오직 양민을 순진한 우리 가족들을

10세 이하의 어린이를 어찌 어찌 폭탄과 총 뿌리로
살상할 수 있는가 동맹군이 아니라 점령군이다
사실을 실토하라 배상하라

산천초목은 온통 푸른빛으로 물들었을 때
경주 기계촌은 붉은 빛으로 흘렀습니다
이 억울함 통탄을 어이 풀 수 있을지요
미욱한 자식들 당신들을 위하여 술 한 잔 올리오니
흠향하시옵고 지금도 벌벌 떨며 구천을 헤매고 있는
아버지 어머니 형아 이 곳으로 오십시오
10세 이하의 어린 영혼들 파랑새로 환생하여
우리를 찾아오렴

순진무구한 영령들이시여 이 땅의 우리들 당신들을 위로합니다
성심성의 무궁무진 당신들의 가슴과 심장에 사무쳤던 한을 푸시고
이 자식들 출세하여 자손을 이어가니
모든 슬픔 접으시고 하늘나라에서 평안하소서
이 참극의 전쟁은 다시는 없어야 합니다.

화순지역 위령시

파도치던 어느 날
질풍노도와 같은 파도가
몰려와서 휩쓸어간 그 날
해와 달이 내려다보고
소쩍새와 뻐꾹새는 여전히 뒷산에서 울어댔다

뼛속 깊이 가슴 깊이 사무쳤던 한
2009년 진실과 화해라는
이름으로 다시 태어났다
담장 한 겹 사이로 종이 한 장
차이로 갈렸던 좌와 우
전남 각 지역으로 연결되는
지리적 특성 때문에 치열했던 이 지역

피를 나눈 동족도 아랑곳없이 무차별 법도 없이
무법천지
오직 목숨을 부지하기 위해
산으로 가면 빨치산이 되었다

농투성이의 장정들
만삭의 임신부 어린아이 노인들
선별할 겨를도 없이
움직이는 사람이면 무조건 학살
거동이 불편한 사람들

몸도 불태웠다
한천면 도곡면 피로 물든 지역
국민의 기본권마저도 지키지 못한 시절
남아 있는 후손에게 한을 심어 주고
반세기가 넘게 연좌제의 이름으로 살아야했다

너와나 우리는 한 동네 사람이건만
어찌 충혈된 눈으로 싸워야 했을까
이제 아픈 마음 서로 털고
손마주 잡고

남아있는 생
아름다운 이름으로 위로하면서
억울한 영혼 위하여
힘을 모으는 이 순간
편히 쉬소서 영면하소서

제
3
부

통일되는 그 날까지

청파동의 하얀집

이 집 현관을 열면
가을이 들어와 있다
올라가는 층계엔 솔방울 단풍잎
가을이 무르익고

시인과 수필가들이 모여 있는 창가에는
밝은 햇살이 살며시 윙크 하고
돌아가는 담화는 무척이나 살갑다

가을이 흐르는 고요한 거실에
아름다운 물소리
구름의 조화로운 그림은
마음 가득 장식하는 유토피아의 흐름이다

수능시험

네살까지 길러 준 내 손자
8일 수능 시험을 본다
에미는 매일 절두산 성당 가서 기도하고
자식에게 주는 모성이 절절하다
한 다리 건너 할미는 마음만 간절할 뿐
어려서 할머니만 알던 손자
어느덧 성인 되어 대학생이 되는구나
보기만 해도 흐뭇하고 잘생긴 아이
나는 내일 교문 밖에서 기다릴 것이다
공부 잘하여 학문 영글고
이 나라 남아 되어
훌륭한 인생 설계하여라

선유도

신선이 놀았다는 선유도
9호선을 타다가 우연히 가 보니
복숭아 나무가 나를 반긴다
구름다리 아래 강물이 출렁
도심속 가을 정취가 흐르는 섬
파아란 잔디가 유혹하고
풀꽃들 가지런이 손을 반긴다
쌍쌍이 사랑이 무르익고
고요한 적막 조용히 마음속으로
들어와 긴 의자에 누워 하늘을 감상하다가
서울에 유일한 파란 믈과 푸른 숲이 어울어진
이 곳에서 나는 슬며시 신선이 되어 본다

오늘

이냐시오에 오는 기쁨. 우선 나에게는 건강이 있고 배움이 있고 손자의 재롱이 있고 하루하루가 얼마나 행복한가 저녁 6시 30분 귀여운 손자를 업고 딸 집에 간다. 7시 30분이면 정류장에 나와 있지만 기다리는 차는 오지 않고 20~30분 기다려 타고 오면 수업은 벌써 2교시에 들어간다. 배움을 여는 즐거움 내 인생에 있어 한 폭의 수를 놓는 것이라 생각한다. 그 때는 다닐만한 야학도 없었고 교통 여건도 좋지 않았다.

독학 얼마나 어려운 단어였던가. 얼마나 배움에 몸부림 쳤던가. 어느 날 어느 학원에 가겠다고 밤새도록 울었던가. 그 때가 벌써 40여 년 전의 일이었던가. 마음은 그 때나 지금이나 다를 것이 없건만 초등학교 일학년 깨끗하고 조용한 시골 양철지붕의 관사에서 4년을 살았다.

우리 아버지는 35세 젊은 나이에 교장선생님이 되셨고 해방되던 해에 나는 초등학교 일학년이었다. 몇십 년이 지난 오늘 아버지는 그 학교 4대 교장선생님으로 사진이 걸려 있다. 나는 아버지가 보고 싶으면 지금도 그 학교로 달려간다. 나는 그 때의 추억을 못잊어 시 한수를 적어본다.

양철지붕

양철지붕 유리창 달린 집
앞뜰에 채송화 활짝 웃고
상록수 울타리에 하얀 장미 붉은 장미
온통 내 마음 보랏빛이 어리는데

호두나무 잎을 따서 향기 좋아 맡아 보고
날 저문 마루터기 밀거적 깔고 누워
세어 보는 북두칠성

질경이, 달래, 냉이 캐던 그 시절
움 속에 묻어 두었던 시원한 무맛
흰 눈 쌓인 마당에 먹이 찾는 예쁜 새들
행복 찾아 날아갔나
연민에 울고 있네

마루에서

마루에서 어머니와 헤어지던 날
어스름 땅거미져 튀어나온 그림자

어디론가 사라져 가는 뒷 모습
떨며 떨며 발자욱 찾아

가슴속으로 부르며 부르며
물길 따라 숲길 따라 가신 길

아무도 모르는 속 울음
찡 머릿속을 가르며 지새우는 밤

약속한 시간 퇴적된 나이테
허공을 딛는 법

돛대도 삿대도 없는 허허 발판
유유히 오랜 길을 걸었습니다.

어머니

당신의 고결한 삶
당신의 높은 지식
당신의 끝없고 깊은 사랑

역력히 들려오는 당신의 음성
홀연히 나타나는 당신의 모습
온 세상 무한한 것 다 준다 해도
무엇과 바꾸리까 당신의 사랑

봄이면 이름 모를 꽃들 자랑하고
여름엔 푸르름 다가오건만
당신의 이름 어머니
철없는 후회 밀물 되어 흘러갑니다.

아버지

그리움이 지쳐 눈물샘 마릅니다.
선죽교 만월대 옛 사진 첩
간밤에 홀연히 나의 창을 두드리셨나요.
은하수 타고 오셨나요 무지개 타고 오셨나요
짧은 만남 무언의 모습
여전한 검은 양복 중절모에 단장을 짚으시고
아주 멋들어진 바위 위에 그 뒤로
넘어 가신다고 하셨습니다.
교회의 종소리
석양에 비껴 가시었나요
아쉬움에 떨면서 그리움을 지웁니다.
아버지 발자취 따르며 걸어가고파
그 옛날 다니신 서울 거리를
30년 졸업 명예의 전당까지
푸른 생명 보듬고 걸었답니다
찬연한 2005년의 봄
저승의 하늘에서 이승의 땅 끝까지
피고 지는 온갖 꽃들

녹음방초 바위 문 열리고
우수수 낙엽 지어 나목으로 남아
온화한 백설이 대지를 두릅니다
시간이 역행하여 멈춘다 해도
맑은 거울 한 면을 정으로 채우고
사르르 사르르 솔바람 불면
나는 한 마리 새처럼 둥지를 틀고
천년만년 그 자리 지키며
언젠가 들려줄 소식 기다려
그리움의 주소를 써내려 갑니다

통일되는 그 날까지

산은 막혔지만
강물은 북으로 남으로 흐른다.
서로의 벽과 이념을 넘어
자유로를 달리자
오두산 전망대에서 북쪽에 시선을
정지한다
그 산하도 내 땅
이곳도 내 땅인데
말없이 흐르는 임진강 물
恨
강산은 여섯 번 변하고
다섯 번의 눈과 비도 내린다
悲哀가 희열로 바뀌는 그 날
고통은 사라질 것이다

엄마의 텃밭

일일 농부가 되어
흙과 거름을 섞고
고추, 상추, 부추
자라나는 모습
뙤약볕
그늘과 바람을 버무려
생명수를 뿌린다.
생명을 가진 모든 만물
시시각각 신기하고
희열이 가득하다
마음의 득을 위하여
아니 노력의 득을 이루고
이런 기쁨의 맛으로
농부의 노력을 찬양한다
싱싱한 야채의 생을
내 몸에 전한다

풍요

음악이 주는 여유
마음을 열어 주는 시
생명의 근원인
알
무한히 생성되어
숲을 이루고
나무는 그늘을 선사한다
상생의 길을 향하여
분열하고
세월을 입고
걷는 생명의 모습
욕심과 감정을 잠재우는
시간
풍요롭고 행복하다

제 4 부

바다의 수선화

명상

우주가 내 것인 양
벤치에 누워 하늘을 본다

구름 한 점 없는 파란 물감
동공을 담아 멀리 흘려보낸다.

고요를 시샘하는 풀벌레
쓰르람 쓰르람 지척을 울리고

고정된 자리에 빛나는 별 하나
마른 나뭇가지 사이로

나비의 나래처럼 흩어지고

코스모스 꽃길에 부서져 다시 일어서니
가을빛은 온통 누리를 노래하고
가을 소리는 창 밖에서 두런거린다.

망초꽃 사랑

해안에 햇볕 쏟아질 때
이슬에 젖어
터지는 소리
바람소리 새소리
어우러진 들녘에

하얀 옷의 여인
무리지어 서있는 의지
어디서나 볼 수 있는 순백의 여인
순수의 아름다운 자태
그대 망초꽃이어라

가을연가

드높은 하늘에 글을 띄운다.
온갖 시름 세상의 먼지를 털어 내듯
후련하고 아늑한 행복
아 가을이 오고 있구나.

그대가 무르익어 몸을 뚝뚝 떨어내고
무서운 물결이 올테지만
그때까지 고운 몸 불사르며
만인의 몸을 사로잡고 미색을 뿜어내어
현혹의 발길들이 무리지어 흐를 때
황금 들녘 누가 슬프다고 했는가

나그네 외로움도 시간 속에 치유되고
덧없던 세월은 미련없이 가 버리고
청계천 물소리 가을 속에 익어 가는데
아름다운 비밀을 간직한 가을이여

수줍은 새색시 제비부부 가 버리고

댓돌의 귀뚜라미 가을을 연주하면
슬며시 국화 향이 내 옆에 날아와서
가부좌 틀고 앉아
가을 편지 전해 주누나

오두막

아파트 숲 옆에 오두막 하나
지붕보다 키 큰 해바라기 대장
불뚝 솟은 맨드라미 가족
가을볕에 반짝이는 하얀 무들이
다정하게 속삭이는 고향 냄새들

채송화 한창인 이 집 뜰에는
저마다 채소들이 군락 이루고
낮은 곳에 사는 사람들
푸른 향기 속에 평화 이루네.

온 가족이 모여 오순도순
문명의 손길 덜 받으면 어떠하리.
연탄불 피우면 어떠하리.
푸른 향기 맡으며 행복한 사람들

저녁연기

해질녘 자욱한 연기
초가집 지붕에 서리 내리고
괘나리 봇짐 들고 떠나는 길
그니는 어디로 가는 걸까

여객선 망망대해 물살을 가를 때
정처없이 떠나는 나그네 있었다.
누구를 만나려고 누가 반기어 주길래
그니는 어디로 가는 걸까

외롭고 고단한 길
정도에 탄탄한 길
어른 같은 아이의 길
고개고개 길을 넘어서

저녁연기 피어오르는 옛집에
삭막하고 쓸쓸한 옛정
한마디 저항도 못해보고

매달려 아우성 칠줄도 몰라
순응의 틈서리 후회스러움
마중 나올 아무도 없어
대문만 열어보고 닫아보고
기웃기웃 그 자리 눈여겨 보며
마음 속으로 불러보는 그 이름이여

흔적

썰물 때 간 사람들
밀물 때가 돼도 돌아오지 않는다
그렇게 흔적도 없이 떠나간 사람들
어김없이 계절은 돌아오고
순수한 갈매기들 음표를 그릴 때
어선들은 유유히 생각도 없이
오늘도 스쳐 지나갔지만
인근의 야산에선 뻐꾸기만 울어옌다

모자

그녀가 간다.
아파트 문을 잠그고 전철을 타고
서울역을 지나 남산 쪽으로 가다가
미선으로 들어갔다.
그녀를 올리고 어디든 간다.

여의도 국회의사당 아니면 연수원이라는 그 곳
소리 내어 글줄을 읽기도 하고
손을 치켜 올리기도 한다.
어떤 부족함도 덮어 주고
아주 편하게 행동한다.
그녀가 온다.
집으로 돌아와 그녀를 편안히 모셔놓고
복잡했던 하루를 담아
지면에 보관하고
먼 먼 여행을 떠난다.
밤 여행을

못다 핀 꽃 한 송이

피우려 해도 피우지 못한 꽃
그 고운 흔적이 등마루에 걸리면
새벽 이슬도
한 낮의 땡볕도
겨울의 칼바람도
모두 서러워 돌아눕는다.

병술년 돌고 돌아 몇 번을 돌았는가
동쪽에 뜨는 해 서쪽으로
지는 진리 바뀔 줄 모르고

억겁의 무념 속에 노을만 물드는데
떠오르는 상념 안고
여행길 오른다.

서리꽃

겨울의 칼바람도
긴 여름 한 낮의 땡볕도
아랑곳없이 버스는
대로를 질주했고
보리 물결은 가을을 불러온다.

시골집 뜰에는 봉숭아 분꽃이
한창인데 어이하여
인간사 서리꽃만 피는가.
갈산공원에는 라일락 향기롭고
보라색 나팔꽃 이슬에 반짝이는 날.

어길 줄 모르는 자연의 섭리
풀내음 싱그러운 공원 길
자연의 풍성함이 행복을 불러오고
억센 풀 속에 갇힌 망초 꽃
아카시아 향기에 자지러져
여름을 보내면 어느 새 찾아온

초겨울 뜰에 국화꽃 져버리고

철새들 저 넘어 무리져 가면
짝 잃은 기러기 하늘을 날아간다.

뜰

스산한 뜰 위에 무서리 내리면
철새들 어디로 날아간 자리

겨울 민들레 홀씨로 남아
봄의 미명에 찾아든 소리

흘러 보내도 흘러가지 않고
쌓이고 쌓이는 빗줄기

온 뜰을 적시며 개울물 돌돌거릴 때
유년의 향수

그리워 스며드는 심장의 고동
마중 나올 사람 아무도 없어
보고 싶은 동생들 환영이 어리운다.

유리창

문득 눈을 들어 창문을 보면
글을 쓰고 싶은 하루가 있다.

창 밖의 무한한 우주를 보면
몸부림 치고 싶은 역사가 있다.

창 안의 마음 흔들어 주면
하얀 건반을 두드리고 싶다.

지용시인의 창엔 차고 슬픈 것이 어리었는데
나의 창엔 슬픈 것이 두겹 세겹 어리운다.

창 안의 고요와 창 밖의 소용돌이가
혼합된 공간에서 찾아 헤매이는 그리움

바다의 수선화

- 제6회 강화위령제 추모시

바다의 수선화가 되어 꽃 피웁니다.
끝간데 모르고 흘러 흘러 갑니다.
외로운 갈매기 친구 해주고
검은 파도 밀려와 영혼은 묻혀 버리고
그 날로,
그렇게 떠나갔습니다.

시야에 떠도는 가랑잎처럼
산 같은 얼음덩이 지나서
푸른 하늘에 해가 열리고
땅 위에 귀여운 새싹이 고개를 내밀 때
청솔가지의 바람따라
소쩍새로 돌아왔습니다.

영문도 모르고 죄명도 모르고
이념의 벽에 부딪쳐
골 깊은 골짜기 돌아서 밀려오는 물결따라
어디로 가는 방향도 몰라

뜨거운 영혼의 땀 토해가며
오지의 뻘밭으로 그렇게 갔습니다.

돛대도 삿대도 없는 망망대해에
큰 바위 휘돌아 부딪치며
수초를 지나서 멀고 먼 길
고향 산천 뒤로하고 사랑하는 부모형제, 자녀들
이름 한 번 불러 보지 못하고
악당들의 손아귀에 잡히어
그렇게 갔습니다.

북풍한설
발이 갈라지고 동상에 걸려
그 것도 모자라 한 가정, 가정을 흔적도 없이
삼켜버린 그들은 살인범에 가정 파괴범이다.
머리칼은 흩어지고 근육은 멍들었다.

아직도 끝나지 않는 비극의 새가 되어
컴컴한 굴 속에서 후미진 골짜기에서
파도에 휩쓸려 날지 못하는 영혼
찢겨진 하늘에 갈라진 땅 위에
반세기의 혼이여.

바람아 구름아 너는 아느냐
이 밝은 대낮에 울음을 토해내고
국화꽃 한 송이 눈물에 젖고
순백의 목련꽃 처절한 죽음되어
무심한 풍랑에 휩쓸려 가누나.

가슴 속 멍울이 뜨거운 용암되어
한 여름 분수처럼 화산의 불길처럼
그렇게 무너져도 풀리지 않는 수수께끼
방울방울 눈물은 지면을 적셔
몸부림치고 들리지 않는 곳에 보이지 않는 곳에
전율처럼 흐르는 무심한 시간이여

아물지 못하는 상처 골골이 새겨지고
인고의 세월 점점이 서리어도
피붙이 염원이 내일이 있으리니
하늘이 감천하여 평화의 비둘기
보내 드리리다.

억울하고 가엾은 불쌍한 영혼이여
그 사랑 크시기에 바로 서는 정의를
폭풍을 헤치고 세월의 산을 넘어
힘차게 보내 드리리라

어둠의 여명에 찬 서리 내리고
역사의 종소리 알리는 표지판 하나
비극의 형장에 돌로 남았노라.
아는 듯 모르는 듯 발길 머물고
봄 소식 알리는 꽃들의 속삭임
새 생명 푸른 싹, 가련한 손길이여
이름 모를 새들의 무언의 노래여
깊고 깊은 한 무한한 하늘에
연처럼 날리시고 영원한 천상에 드시옵소서.

| 작품해설 |

고통을 딛고 일어서는 행복한 기록자

이종섶 | 시인, 문학평론가

| 작품해설 |

고통을 딛고 일어서는 행복한 기록자

이종섶 | 시인, 문학평론가

서영선 시인은 역사의 기록자다. 과거의 역사를 보았고 그 역사의 현재를 기록하는 시인이다. 그 역사는 개인의 역사가 아닌 시대의 역사다. 긍정의 역사가 아닌 부정의 역사, 성취의 역사가 아닌 실패의 역사, 기쁨의 역사가 아닌 처절한 상처의 역사다, 그런 역사의 기록은 일반적으로 고통의 색채가 강하다. 짐짓 외면하면서 안으로 그 상처를 곱씹으며 살아가거나, 반대로 그것을 숨기면서 자신의 일만 하며 살아가기가 쉽다. 그런데 서영선 시인은 그 어느 쪽에도 해당되지 않는다. 이것은 매우 바람직하면서도 성숙한 자세다. 더욱이 그러한 자세가 시를 통해서 나타나는 것이야말로 더없이 반가운 것이어서, 그것을 바라보는 자에게 고요한 기쁨을 선사해 주기까지 한다.

서영선 시인이 『산그늘 꽃덤불』에서 보여주는 두 가지 태도는 역사를 잊지 않고 기억하는 것과, 그런 사람이 보편적으로 가지지 못하는 감정으로서의 행복이다. 이 두 가지는 서로 상반되는 것이기도 해서 하나 때문에 하나를 소유할 수 없기도 하고, 하나가 다른 하나를 침해해서 그 다른 하나를 함께 공존할 수 없게 만들기도 한다.

그래서 대체적으로 역사를 잊지 않고 기억하는 사람의 감정은 상처로만 남게 되는 경우가 많다. 그 반대의 경우 행복한 감정을 가지고 사는 사람은 상처의 역사가 없거나, 또는 그 역사에 관심을 가지지 않으면서 개인의 행복에 의존해서 사는 경우가 허다하다. 이러한 감정이나 삶의 방식이 인생에 순응하는 개인의 태도요 너나할 것 없이 자연스럽게 또는 어쩔 수 없이 품게 되는 것임에도 불구하고, 서영선 시인은 그러한 자세를 전혀 보이지 않는다. 이것이야말로 서영선이라는 개인의 가치요, 이 시집이 가지는 시적 가치의 최대치가 아닐까 한다. 그것을 보여주는 시인, 그것을 맛보는 기쁨이 크다.

1. 슬픈 날의 언덕에서 기록하다

서영선 시인의 시집 『산그늘 꽃덤불』은 전체가 4부로 되어 있지만 그 내용을 중심으로 나눈다면 크게 두 부분으로 나눌 수 있다. 하나는 시인이 보고 들은 역사의 현장과 그 이후의 현장에 대한 기록이요, 또 하나는 시인으로서 보여주는 시편들과 그 속에서 나타나는 시적인 삶의 모습에 대한 기록이다.

그 첫 번째 내용에 해당하는 기록들을 주목해보자는 의미에서 시의 제목들을 열거해볼 필요가 있다. 「침묵 - 산청함양 추모시」, 「표지판 - 산청함양 추모시」, 「지리산 - 산청함양 추모시」, 「무주공산 - 산청함양 추모시」, 「학대 - 산청함양 추모시」, 「방곡부락 참상 - 산청함양 추모시」, 「목련꽃 - 산청함양 추모시」, 「술 한 잔을 드립니다 - 산청함양 추모시」, 「산청함양 영들이시여! - 산청함양 추모시」, 「비극의 새」, 「산그늘 꽃덤불」, 「문화의 도시 경주여! - 경주 기계천 추모시」, 「아무 말 없는 금정굴」, 「이제는 울지 않으렵니다 - 강화 위령공원 제막식 날」, 「북풍한설 통한곡 - 강화 위령제에 부쳐」, 「슬픈 날의 언덕에서 - 전국 위령제 추모시」, 「지심도의 수선화 - 거제도 위령시」, 「괭이바다 울음소리 - 창원 합동 위령제에서」, 「오늘 여기 모였습니다 - 완도 소안면 위령비 제막식에서」, 「정전협정을 평화협정으로 - 평통사 평화협정대회에서, 미 대사관 앞」, 「햇볕이여 우리를 비추어라 - 통합총회 축시」, 「슬픈 물이 흐르는 기계천 - 경주 기계천 위령제에서」, 「화순지역 위령시」, 「통일되는 그날까지」, 「바다의 수선화 - 제6회 강화위령제 추모시」.

시집 목차에서도 확인할 수 있는 제목을 이렇게 나열한 이유는 무엇인가. 그것은 시집 해설의 차원에서 이 내용들을 시각적으로 확인하기 위함이다. 앞에서 소개하지 않았어도 간접적으로 관계된 시까지 포함한다면 무려 30여 편에 해당되는 시들은 그 시대의 역사에 벌어졌던 일들에 관한 기록이다. 그 기록이 활자화되고 또 이렇게 한 곳에 모여 하나의 시각화가 되었다. 그 제목들을 수직으로만 쌓아 놓아도 명징하게 우뚝 서 있는 거대한 탑이 될 것이다.

> 여기 남아 있는 후손들 당신들을 한시도
> 잊지 못합니다
> 우리는 슬픈 언덕을 허물고 기쁨의 언덕을
> 만들 것입니다
> 뼛속 깊이 저리고 근육은 떨리고
> 영혼은 녹아내려 압박 받아야 합니다
> 불의가 무너지고 정의가 바로 서는 날
> 비밀 장막은 걷히고 푸른 바람이
> 불어 올 것입니다
> 아직도 그들은 유족을 두 번 세 번 죽이고 있습니다
>
> —「슬픈 날의 언덕에서」 부분

이 시집에 기록되어 있는 이야기와 서정의 바탕은 "여기 남아 있는 후손들"이 "당신들을 한시도/잊지 못"한다는 것이다. 동시에 "우리는 슬픈 언덕을 허물고 기쁨의 언덕을/만들 것"이라는 결심이다. 이 두 가지 사실이 역사를 기록하는 시들에서 일관되게 보이는 바, 이것이 서영선이 보여주는 역사에 관한 시들의 소중한 특징이라고 하겠다. "잊지 못"하는 것이 원망이나 증오, 그리고 복수 같은 감정들로 드러나기 보다는 "슬픈 언덕을 허"무는 것으로 나타나면서 나아가 "기쁨의 언덕을 만"드는 것으로 나타나는 것은, 서영선 시인과 이 시집이 굴절된 역사를 대하는 자세에서 얼마나 건강한지를 단적으로 보여주는 것이다. 여전히 "유족을 두 번 세 번 죽이고 있"는 현실임에도 불구하고 그러한 자세를 가진다는 것이 얼마나 귀하고 아름다운가.

돌이켜 보면, "오순도순 정답게 순수하게 살아가던 마을/풍족하지 못해도 정을 나누고/평화를 사랑했"(「무주공산」)던 마을이 어느 날 "생과 사를 가르는 순간"(「산그늘 꽃덤불」)을 맞이했다. 아이들은 "엄마가 끌려가던 날/그 모습 각인 되고 영상 되어/잠 못 이루는 이 밤"(「학대」)을 보냈다. "담장 한 겹 사이로 종이 한 장/차이로 갈렸던 좌와 우"(「화순지역 위령시」)로 인해 "너와 나 우리는 한동네 사람이"라는 말이 무색할 정도로 처절한 일이 벌어지고 말았다. 이제 그 모든 일들은 "넘고 넘어 보아도 그 비극/간 데 없고 계곡에 흘렀던 핏빛/저녁노을 같이 물들"(「침묵」)어 "순백의 영혼들이 스러져 간 그 날"(「지심도의 수선화」)로 자리매김 되었다. "아직도 끝나지 않은 비극의 새가 되어/컴컴한 굴속에서 후미진 골짜기에서/파도에 휩쓸려 날지 못하는 영혼"(「비극의 새」)들의 이야기다.

썰물 때 간 사람들
밀물 때가 돼도 돌아오지 않는다
그렇게 흔적도 없이 떠나간 사람들
어김없이 계절은 돌아오고
순수한 갈매기들 음표를 그릴 때
어선들은 유유히 생각도 없이
오늘도 스쳐 지나갔지만
인근의 야산에선 뻐꾸기만 울어옌다

—「흔적」 전문

2. 청파동의 하얀 집에서 기록하다

서영선 시인의 『산그늘 꽃덤불』을 보면서 놀라는 것은 이 시집의 전반부에 해당되는 "육십일 년 전"(「방곡부락 참상」)의 일들과 관계된 시들 때문이 아니다. 사실 그러한 시들과 관계된 내용들은 일반 자료에서도 어느 정도 확인이 가능하다. 다만 그 역사와 관계된 유족들의 염원과 정서와 열망이 표출되었다는 측면에서 나름의 가치가 있을 것이다. 그러나 서영선 시인이 보여주는 후반부의 시들은 실로 놀랍기 그지없다. 전반부의 시들을 쏟아낸 시인으로서 이런 시의 내용을 보여주고 있다는 것 자체가 미덥기까지 하다. 그 삶의 내용 하나하나가 보여주는 특별하고도 살가운 면면들, 그 속에 천성처럼 고여 있으면서 오롯이 드러나는 시심의 면면들.

아마도 이것은 전반부 시들과의 대비에서 그 효과가 더욱 극대화된 것일 수도 있겠다는 측면을 부인할 수는 없겠지만, 동시에 그것 자체가 이 시집의 구성적이면서도 문학적인 장치라는 것 또한 인정해야 한다는 주장에 동의하게 된다. 왜냐하면 『산그늘 꽃덤불』의 후반부 시들을 읽을 때마다 전반부 시들의 잔상과 관계된 그 모든 것들이 시간적 · 공간적 배경으로 존재하는 것을 경험하게 되기 때문이다.

따라서 후반부의 시들을 읽는 사람이라면 그것이 해설이든 감상이든 전반부 시들의 영향에서 벗어날 수가 없고, 또 그런 영향 아래에서 나오는 이야기를 해야 한다는 말에 전적으로 수긍하게 될 것이다. 그렇게 하지 않는다면 후반부 시들에 대한 평가를 제대로 할 수 없다.

이것이 바로 이 시집을 보는 이가 가져야 할 중요한 관점이다.

이집 현관을 열면
가을이 들어와 있다
올라가는 층계엔 솔방울 단풍잎
가을이 무르익고

시인과 수필가들이 모여 있는 창가에는
밝은 햇살이 살며시 윙크 하고
돌아가는 담화는 무척이나 살갑다

가을이 흐르는 고요한 거실에
아름다운 물소리
구름의 조화로운 그림은
마음 가득 장식하는 유토피아의 흐름이다

—「청파동의 하얀 집」 전문

서영선 시인의 현재를 보여주는 「청파동의 하얀 집」에는 "현관을 열면/가을이 들어와 있다/올라가는 층계엔 솔방울 단풍잎/가을이 무르익고" 있다. 그 집에 "시인과 수필가들이 모여 있"고 "창가에는/밝은 햇살이 살며시 윙크 하고" 있다. 그들이 나누는 "담화는 무척이나 살갑다". "가을이 흐르는 고요한 거실에"는 "아름다운 물소리"가 들리고 "구름의 조화로운 그림"이 보인다. 이 모든 것이 "마음 가득 장식하는 유토피아"요, 그 "유토피아"가 그 "집"에 흐르고 있음을 보여주는 것이다.

잠자리 소리 없이 춤을 추는 날
호두나무 잎새에 비가 후두둑 뿌릴 때
솔개천 붓꽃이 보라색으로 물들었다.
마을을 에워싼 작은 개울에
물고기 가족들 소풍을 가고
자주색 물병 아릿한 향수
자취도 없이 흘러간 나이테
오늘 왜 이다지도 그리운지

누에가 쉬익 쉬익 뽕나무에 잠자고
싱싱한 고구마 순이 쑥쑥
4월엔 마당 가득 꽃비가 내렸다
철부지 아이들 앞개울에서 첨벙대고
뒷동산 뛰어놀며 싱아 꺾던 날
일곱 빛깔 무지개 아련한 회상
삐꾸기 노래에 나팔꽃 웃음에
돌릴 수 없는 시간
은하수 배를 타고 행복했음을

—「여름 어느 날」 전문

「청파동의 하얀 집」이 서영선 시인의 현재를 보여준다면 「여름 어느 날」은 과거를 보여준다. “잠자리 소리 없이 춤을 추는 날/호두나무 잎새에 비가 후두둑 뿌릴 때/솔개천 붓꽃이 보라색으로 물들었”던 그 옛날 “철부지 아이들 앞개울에서 첨벙대고/뒷동산 뛰어놀며 싱아 꺾던 날”의 “일곱 빛깔 무지개 아련한 회상”이다. 그 시절을 돌아보면서 마무리하는 감정은 “행복”이다.

서영선 시인의 현재와 과거에서 공통적으로 보이는 배경과 정서는 "유토피아"와 "행복"인데, 이것은 일시적으로 드러났다 사라지는 한시적인 것이 아니요 그저 시적 감흥을 타고 나타났다 사라지는 섣부른 문학성도 아니다. 진실, 서영선 시인의 가슴 깊은 곳에서 공감되어 나오는 진실의 발성이 "행복"이라는 발음으로 나온 것이다.

서영선 시인에게는 "음악이 주는 여유/마음을 열어주는 시"가 있고, '숲을 이뤄 그늘을 선사해주는 나무'가 있고, "욕심과 감정을 잠재우는/시간"이 있어서, 그는 "풍요롭고 행복하다"(「풍요」). 뿐만 아니라, 그에게는 자신을 "행복하다"고 말하는 것을 넘어 자신과 관계가 없는 풍경과 사람들을 보면서도 "행복"을 떠올리는 진정성이 있다. 이것 역시 자신이 누리는 "행복"이 분명하고 소중하기 때문임을 증명하는 것이리라.

> 아파트 숲 옆에 오두막 하나
> 지붕보다 키 큰 해바라기 대장
> 불뚝 솟은 맨드라미 가족
> 가을볕에 반짝이는 하얀 무들이
> 다정하게 속삭이는 고향 냄새들
>
> 채송화 한창인 이 집 뜰에는
> 저마다 채소들이 군락 이루고
> 낮은 곳에 사는 사람들

푸른 향기 속에 평화 이루네.

온 가족이 모여 오순도순
문명의 손길 덜 받으면 어떠하리.
연탄불 피우면 어떠하리.
푸른 향기 맡으며 행복한 사람들

—「오두막」 전문

서영선 시인은 "하루하루가 얼마나 행복한가"(「오늘」)를 숨결 가득한 고백처럼 때로는 시심 가득한 절창처럼 조곤조곤 말하기도 하고 사뿐사뿐 읊조리기도 한다. "네살까지 길러준 내 손자"가 "수능 시험을" 보게 되는 날 "나는 내일 교문 밖에서 기다릴 것"(「수능시험」)이라는 즐거운 속내를 보여준다. "우연히 가" 본 "선유도"에서 "나는 슬며시 신선이 되어본다"(「선유도」)라고 독백하는 듯한 풍경을 선사한다. 그곳에서 "어디서나 볼 수 있는 순백의 여인/순수의 아름다운 자태"(「망초꽃 사랑」)를 보아서 그랬을까. "우주가 내 것인 양/벤치에 누워 하늘을"(「명상」) 보면서 그 "드높은 하늘에 글을 띄운다./온갖 시름 세상의 먼지를 털어 내듯/후련하고 아늑한 행복 아 가을이 오고 있구나."(「가을연가」)라고 나직하게 내지르는 탄성은 또 어떤가.

서영선 시인의 삶이 "고통"(「통일되는 그날까지」)을 넘어 "행복"으로 귀결되는 이유를 여러 가지로 생각해

볼 수 있겠지만 그 중에서 가장 중요한 것은 부모의 존재가 아닐까 한다. 시집 속에서 드러나는 부모의 행적도 중요하지만 서영선 시인이 향유하고 있는 부모에 대한 정서는 바로 서영선 시인의 부모가 물려주고 심어준 것이기에 더더욱 가치가 있다고 하겠다.

당신의 고결한 삶
당신의 높은 지식
당신의 끝없고 깊은 사랑

역력히 들려오는 당신의 음성
홀연히 나타나는 당신의 모습
온 세상 무한한 것 다 준다 해도
무엇과 바꾸리까 당신의 사랑

봄이면 이름 모를 꽃들 자랑하고
여름엔 푸르름 다가오건만
당신의 이름 어머니
철없는 후회 밀물되어 흘러갑니다.

—「어머니」 전문

여전한 검은 양복 중절모에 단장을 짚으시고
아주 멋들어진 바위 위에 그 뒤로
넘어 가신다고 하셨습니다.

(중략)

아버지 발자취 따르며 걸어가고파

그 옛날 다니신 서울 거리를
30년 졸업 명예의 전당까지
푸른 생명 보듬고 걸었답니다

—「아버지」 부분

서영선 시인의 "어머니"는 "흙과 거름을 섞고/고추, 상추, 부추/자라나는 모습/뙤약볕/그늘과 바람을 버무려/생명수를 뿌"(「엄마의 텃밭」)렸던 분이다. 그런 "어머니"에 대한 그리움 때문이었을까. "어머니와 헤어지던 날"은 "울음이" "머릿속을 가르며 지새우는 밤"(「마루에서」)을 보내야 했다. "아버지"에 대한 추억은 또 어떤가. "우리 아버지는 35세의 젊은 나이에 교장선생님이 되셨고 해당되던 해에 나는 초등학교 일학년이었다. 몇 십 년이 지난 오늘 아버지는 그 학교 4대 교장선생님으로 사진이 걸려있다. 나는 아버지가 보고 싶으면 지금도 그 학교로 달려간다. 나는 그때의 추억을 못 잊어 시 한 수를 적어본다."(「오늘」)에서 확인할 수 있는 것처럼, 서영선 시인의 "아버지"는 추억의 근원이자 시심의 근원으로 존재하고 있다.

3. 역사의 표지판 하나 기록하다

서영선 시인의 시집 『산그늘 꽃덤불』이 지닌 가치는

무엇일까. 그것은 "반세기가/지난 오늘 아직도 비극의/새가 되어 컴컴한 굴속에서 후미진/골짜기에서 파도에 휩쓸려 날지/못하는 영혼"들에게 "어둠의 여명에 찬 서리 내리고/역사의 종소리 알리는/표지판 하나"(「표지판」)를 세우는 것이 아닐까.

그리하여 서영선 시인은 오늘도 "억겁의 무념 속에 노을만 물"들 때 "떠오르는 상념 안고/여행길 오른다."(「못다 핀 꽃 한 송이」) 그 길은 "외롭고 고단한 길/정도에 탄탄한 길/어른 같은 아이의 길"이다. 그 "고개고개 길을 넘어서"(「저녁연기」) "복잡했던 하루를 담아/지면에 보관하고/먼 먼 여행을 떠난다./밤 여행을"(「모자」) 떠나는 것이다.

"먼 여행을 떠"나는 그의 가슴에 차오르는 것이 있다. 그것은 오로지 "평화여 어서 오라"는 간절한 열망이며, 그것은 "국화향 보다 더 진하고/꽃색깔보다 더 어여쁜", 그렇게 "향기나는" 것이어서 "평화/평화/목매어 불러"(「정전협정을 평화협정으로」)보게 되는 것이다. 그가 가는 "여행길"이 순탄치만은 않을 것이다. 그가 누렸던 "행복"이 끝까지 보장된다고 장담할 수 없는 길인지도 모른다. 그럼에도 불구하고 그는 그 길을 계속 걸어갈 것이다.

왜냐하면 지금까지 "돛대도 삿대도 없는 허허 발판/유유히 오랜 길을 걸"(「마루에서」)어 왔기 때문이다. 그 길을 끝까지 걸어가는 것 역시 당연하기 때문이다. 그 "여행길"의 키워드는 두 개다. 하나는 "고통", 또 하나는 "행복". 그는 "고통"을 지팡이 삼아 "행복"을 만들어 간다. 그는 "행복"을 이루고 누리면서 "고통"을 보듬어 길을 낸다.

그의 "여행길"이 오래도록 "행복"할 것을 믿는다. 그에게는 그와 동행해 줄 치유의 시심이 있고, 그것이 변주되어 나타나 그의 삶을 따뜻하게 품어줄 시가 있기 때문이다.